Empresarios del futuro vIAje transformador

El Auge de la IA en el Emprendimiento: Forjando el Futuro Empresarial con Inteligencia Artificial.

En la última década, hemos sido testigos de una transformación monumental en la forma en que las empresas abordan la innovación y la eficiencia. En el corazón de esta revolución empresarial se encuentra la Inteligencia Artificial (IA), una fuerza disruptiva que no solo redefine la tecnología sino que también reconfigura la esencia misma del emprendimiento.

Una Transformación Profunda: *Más Allá de la Innovación Convencional*

La IA ha dejado de ser una mera herramienta empresarial; se ha convertido en el epicentro de una metamorfosis que afecta a todas las capas del tejido empresarial. Este cambio trasciende la simple adopción de una nueva tecnología; es una transición hacia un paradigma donde la inteligencia artificial no solo complementa nuestras capacidades, sino que también impulsa la reinvención de nuestras prácticas empresariales fundamentales.

Impacto en la Eficiencia y la Innovación

La automatización y el aprendizaje automático son los cimientos sobre los cuales se construye la eficiencia empresarial en la era de la IA. Tareas rutinarias que antes consumían tiempo y recursos ahora se ejecutan con precisión y velocidad, liberando a las empresas para centrarse en lo que realmente importa: la innovación. La capacidad de la IA para procesar enormes conjuntos de datos con rapidez y precisión ofrece un terreno fértil para la creatividad empresarial a una escala sin precedentes.

Innovación en Dimensión Desconocida

La IA ha desbloqueado puertas hacia una innovación que trasciende los límites convencionales. Desde el análisis predictivo hasta la identificación de patrones complejos, las empresas tienen ahora la capacidad de abordar problemas con una precisión y agudeza antes inimaginables. La innovación no es solo una palabra de moda; es una realidad impulsada por algoritmos y modelos de IA que desentrañan nuevas oportunidades y dan forma a la próxima generación de productos y servicios.

El Camino Hacia un Futuro Empresarial Sostenible

Más allá de la eficiencia y la innovación, la IA también abre un camino hacia un emprendimiento más sostenible. Al optimizar las operaciones comerciales y ofrecer soluciones innovadoras, la IA contribuye no solo al éxito comercial, sino también a la creación de empresas éticas y socialmente responsables. Este enfoque integral hacia el emprendimiento sostenible resalta la capacidad de la IA para influir en la dirección futura de los negocios.

Un Nuevo Horizonte Empresarial

Este capítulo marca el comienzo de un viaje que nos sumerge en el auge de la IA en el emprendimiento. No es solo un cambio tecnológico; es un cambio cultural que exige a los emprendedores no solo adaptarse, sino abrazar activamente esta nueva era. La IA no es solo una herramienta en el cinturón de herramientas empresariales; es el motor que impulsa la maquinaria de la creatividad y la eficiencia empresarial hacia horizontes previamente inexplorados. En esta nueva era, aquellos que abrazan la inteligencia artificial no solo liderarán, sino que también darán forma al futuro del emprendimiento.

Desafíos Empresariales y la Nueva Era de la IA: Las Aguas de la Transformación Digital

La acelerada adopción de la Inteligencia Artificial (IA) ha redefinido por completo el paisaje empresarial, generando una revolución que ha transformado la forma en que las empresas operan y se relacionan con la tecnología. No obstante, este cambio transcendental no ha estado exento de desafíos sustanciales, y las empresas se encuentran ante la tarea de abordarlos con sabiduría y agilidad.

Adaptación Cultural y Organizativa

La introducción de la IA va más allá de adoptar una nueva tecnología; implica una metamorfosis cultural y organizativa. La resistencia al cambio es palpable, y superarla demanda una cuidadosa gestión que abarque desde la formación de habilidades hasta la creación de una cultura organizativa que celebre la innovación. Las empresas exitosas logran fusionar la mentalidad humana con la potencia de la IA de manera armoniosa, creando un entorno propicio para la transformación.

Integración Tecnológica y Compatibilidad de Sistemas

La integración de sistemas de IA con las infraestructuras existentes es un desafío técnico crucial. Armonizar la nueva tecnología con sistemas preexistentes, asegurando la interoperabilidad y fortaleciendo las medidas de seguridad, se convierte en una tarea crítica. Esta integración efectiva no solo optimiza los procesos sino que también garantiza la sostenibilidad y el rendimiento de las operaciones empresariales, brindando una base sólida para el crecimiento futuro.

Ética y Responsabilidad

La adopción de la IA plantea preguntas éticas y de responsabilidad sin precedentes. La toma de decisiones automatizada y la gestión masiva de datos exigen un compromiso sólido con la ética empresarial. Establecer políticas transparentes que aborden temas como la privacidad, la equidad y la responsabilidad social se convierte en una necesidad imperativa. Las empresas éticas no solo cumplen con los requisitos legales, sino que también construyen una confianza invaluable con los clientes y la sociedad en general.

Costos y Retorno de Inversión

La inversión en tecnologías de IA puede ser considerable, y comprender el Retorno de Inversión (ROI) puede resultar desafiante. Evaluar minuciosamente los costos iniciales y las proyecciones a largo plazo es esencial. El éxito radica en una estrategia financiera bien elaborada que equilibre los gastos con los beneficios, permitiendo a las empresas no solo sobrevivir sino prosperar en la era de la IA.

Regulaciones y Cumplimiento

La evolución rápida del marco regulatorio en torno a la IA crea un desafío adicional. Mantenerse al día con las regulaciones locales e internacionales y adaptarse a cambios frecuentes es esencial. La colaboración estrecha con expertos legales y reguladores se vuelve crucial para garantizar el cumplimiento legal y la mitigación efectiva de riesgos.

Hacia un Futuro Empresarial con Éxito

En este desafiante pero emocionante viaje hacia la transformación digital, las empresas que enfrentan estos desafíos con agudeza estratégica y una mentalidad abierta no solo superarán las dificultades, sino que también estarán bien posicionadas para liderar. La adopción efectiva de la IA no solo es un imperativo empresarial, sino también una oportunidad para forjar un futuro empresarial más innovador, eficiente y competitivo. Abordamos estos desafíos y ofrecemos una guía valiosa para navegar con éxito hacia un futuro empresarial transformado por la inteligencia artificial.

Estrategias de Implementación de IA para Emprendedores: Hacia la Innovación Empresarial

En el dinámico mundo empresarial actual, la implementación estratégica de la Inteligencia Artificial (IA) se ha vuelto más que una opción; es una necesidad para aquellos emprendedores que buscan destacar, innovar y optimizar sus operaciones.

Evaluar las Necesidades Empresariales y Objetivos Claros

El primer paso crucial para implementar IA de manera efectiva es comprender las necesidades específicas de tu empresa. Definir objetivos claros y comprender cómo la IA puede potenciar tus operaciones te brinda la base para una implementación estratégica. Ya sea mejorar la eficiencia operativa, personalizar la experiencia del cliente o impulsar la innovación, identificar tus objetivos esencialmente traza el camino hacia el éxito.

Capacitación y Desarrollo de Habilidades

La transición hacia la IA implica capacitar a tu equipo y desarrollar nuevas habilidades. Proporcionar programas de capacitación efectivos no solo fomenta la adaptabilidad sino que también asegura que los miembros del equipo estén equipados para aprovechar al máximo las capacidades de la IA. La inversión en el desarrollo de habilidades es una inversión en la preparación de tu equipo para los desafíos y oportunidades de la revolución digital.

Selección de Tecnologías y Proveedores

Con una variedad de tecnologías de IA disponibles, es vital elegir las que mejor se adapten a tus necesidades empresariales. La evaluación cuidadosa de las opciones disponibles y la selección de proveedores confiables son pasos esenciales. La colaboración con expertos en IA y la participación activa en comunidades empresariales te proporcionarán perspectivas valiosas para tomar decisiones informadas y seguras.

Pilotos y Experimentación Controlada

Antes de una implementación a gran escala, realizar pilotos y experimentos controlados te permite evaluar la efectividad de la IA en un entorno controlado. Estos pilotos actúan como un terreno de prueba para identificar posibles problemas y ajustar estrategias antes de una implementación total. La experimentación controlada minimiza riesgos y optimiza la integración de la IA en tus operaciones.

Integración Gradual y Escalabilidad

La implementación de IA no es un evento único, sino un proceso continuo. Comienza con una integración gradual en áreas específicas, lo que facilita la adaptación del equipo y la identificación de mejoras. Una vez que se establece la estabilidad, la escalabilidad se convierte en la clave. La capacidad de expandir el alcance de la IA a diferentes aspectos de tu empresa impulsa la eficiencia y la innovación sostenible.

Medición de Rendimiento y Aprendizaje Continuo

Establecer métricas claras para medir el rendimiento de la IA es esencial. Evaluar regularmente los resultados y aprender de las experiencias contribuye a la mejora continua. La flexibilidad y la adaptabilidad son cruciales en este viaje, permitiéndote ajustar estrategias según las cambiantes dinámicas del mercado y las necesidades comerciales.

Cultura Empresarial Orientada a la Innovación

Finalmente, fomentar una cultura empresarial orientada a la innovación es fundamental. La aceptación del cambio y la promoción de la mentalidad innovadora dentro de tu equipo crean un entorno propicio para el éxito de la IA. La colaboración, la creatividad y la disposición para asumir desafíos se convierten en los cimientos de una empresa que prospera en la era de la inteligencia artificial.

Oportunidades de la IA Empresarial

Hemos delineado estrategias específicas para que los emprendedores implementen la IA de manera efectiva en sus operaciones. Desde la evaluación de necesidades hasta la escalabilidad y la creación de una cultura innovadora, estas estrategias te ofrecen un mar de oportunidades que la inteligencia artificial brinda al mundo empresarial. La implementación exitosa de la IA no solo potenciará tu empresa en el presente, sino que también establecerá una base sólida para el futuro de la innovación empresarial.

Casos de Éxito: Emprendimientos Innovadores con IA - Inspírate en el Camino Hacia el Éxito Empresarial

En el vasto y dinámico paisaje de los negocios, las historias de emprendimientos que han abrazado con éxito la Inteligencia Artificial (IA) son inspiradoras y educativas. Este capítulo destaca casos ejemplares de startups y emprendimientos que han navegado las aguas de la IA con visión, creatividad y determinación.

OpenAI: Democratizando el Acceso a la IA

OpenAI ha surgido como un faro de innovación y accesibilidad en el mundo de la IA. Con su enfoque en la investigación abierta y la creación de modelos de lenguaje avanzados como GPT-3, OpenAI no solo ha transformado el campo de la generación de texto, sino que también ha abierto las puertas a desarrolladores y empresas para aprovechar el poder de la IA de manera más amplia.

DeepMind: Avanzando en la Salud con IA

El emprendimiento británico DeepMind ha llevado la IA a nuevas alturas, especialmente en el ámbito de la salud. Su proyecto "AlphaFold" utiliza inteligencia artificial para predecir la estructura tridimensional de las proteínas, abriendo nuevas posibilidades en la investigación médica y la comprensión de enfermedades. Este enfoque innovador destaca cómo la IA puede tener un impacto directo y significativo en la mejora de la atención médica.

Tesla: Conduciendo la Revolución de los Vehículos Autónomos

Tesla, bajo el liderazgo de Elon Musk, ha redefinido la industria automotriz al integrar de manera pionera la IA en sus vehículos. La tecnología de conducción autónoma de Tesla utiliza algoritmos de aprendizaje automático para mejorar constantemente la seguridad y eficiencia de los vehículos. Este caso ilustra cómo la IA no solo mejora la experiencia del usuario sino que también redefine industrias enteras.

Shopify: Potenciando el Comercio con IA

La plataforma de comercio electrónico Shopify ha demostrado cómo la IA puede impulsar el éxito empresarial en el mundo del comercio digital. Con funcionalidades como recomendaciones de productos personalizadas y análisis predictivo, Shopify permite a los minoristas mejorar la experiencia de compra en línea y aumentar las conversiones. Este caso destaca cómo la integración inteligente de la IA puede potenciar el crecimiento empresarial.

Grammarly: Perfeccionando la Comunicación Escrita con IA

Grammarly ha revolucionado la corrección gramatical y el perfeccionamiento del lenguaje con su aplicación impulsada por IA. Utilizando algoritmos avanzados de procesamiento del lenguaje natural, Grammarly no solo corrige errores gramaticales, sino que también ofrece sugerencias de estilo y tono. Este ejemplo muestra cómo la IA puede ser una aliada valiosa para mejorar la comunicación escrita en diversos contextos.

Zipline: Entregas Médicas con Drones Impulsadas por IA

Zipline ha llevado la entrega de suministros médicos a nuevas alturas utilizando drones impulsados por inteligencia artificial. Este emprendimiento innovador ha transformado la prestación de servicios de salud en áreas remotas al garantizar entregas rápidas y eficientes de suministros críticos. El caso de Zipline resalta cómo la IA puede tener un impacto humanitario significativo.

Lecciones Aprendidas de Emprendimientos con Éxito

Estos casos de éxito revelan patrones y estrategias comunes que han llevado a startups y emprendimientos a la cima mediante la integración inteligente de la IA. La innovación, la adaptabilidad y la comprensión profunda de las necesidades del mercado son elementos clave que han impulsado estos emprendimientos hacia el éxito. Al estudiar estas historias, los emprendedores pueden extraer lecciones valiosas para aplicar en sus propios viajes hacia la integración efectiva de la IA en sus operaciones. La clave radica no solo en abrazar la tecnología, sino en utilizarla como un catalizador para la reinvención y el crecimiento empresarial sostenible.

Finanzas y Analítica Empresarial con IA: Desbloqueando el Potencial Financiero a Través de la Inteligencia Artificial

1.

En la intersección entre las finanzas empresariales y la inteligencia artificial (IA), se forja una alianza poderosa que redefine la toma de decisiones, la eficiencia operativa y la creación de valor.

Automatización de Procesos Financieros

La automatización es la piedra angular de la transformación financiera impulsada por la IA. Desde la contabilidad hasta la conciliación de cuentas, los sistemas basados en inteligencia artificial pueden realizar tareas repetitivas de manera más rápida y precisa que nunca. Esto no solo reduce errores, sino que también libera tiempo para que los profesionales financieros se centren en análisis y estrategias más avanzadas.

Predicciones Financieras Precisas

Los algoritmos de aprendizaje automático aplicados a datos financieros históricos permiten pronósticos más precisos. Desde la estimación de ingresos hasta la proyección de gastos, la IA puede analizar patrones complejos y datos voluminosos para proporcionar predicciones informadas. Esto empodera a las empresas con una visión más clara y ayuda en la planificación estratégica a largo plazo.

Análisis de Riesgos Mejorado

La gestión de riesgos es fundamental en finanzas, y la IA eleva la capacidad de evaluar y mitigar riesgos. Algoritmos avanzados pueden analizar datos de mercado, comportamientos del consumidor y condiciones económicas para prever posibles riesgos. Esto permite a las empresas anticiparse y tomar medidas preventivas, fortaleciendo su posición en un entorno empresarial volátil.

Personalización de Decisiones Financieras

La IA permite una personalización sin precedentes en la toma de decisiones financieras. Desde la gestión de inversiones hasta la planificación financiera personal, los sistemas impulsados por IA pueden adaptarse a las necesidades individuales. Esto no solo mejora la experiencia del usuario, sino que también maximiza la eficacia de las estrategias financieras.

Detección de Fraudes y Seguridad Financiera

La inteligencia artificial es un aliado poderoso en la lucha contra el fraude financiero. Algoritmos de aprendizaje automático pueden analizar patrones de transacciones y comportamientos para identificar actividades sospechosas en tiempo real. Esto no solo protege a las empresas y a los consumidores, sino que también fortalece la integridad del sistema financiero en su conjunto.

Empoderando el Futuro Financiero

La integración de la inteligencia artificial en las finanzas empresariales representa un cambio de paradigma que impulsa la eficiencia, la precisión y la innovación. A medida que las empresas aprovechan estas capacidades, se abren nuevas fronteras para la toma de decisiones estratégicas y la creación de valor financiero.

IA en Operaciones y Cadena de Suministro: Redefiniendo la Eficiencia Empresarial

En el tejido mismo de las operaciones comerciales y la cadena de suministro, la inteligencia artificial (IA) se presenta como una herramienta transformadora, revolucionando la eficiencia y la toma de decisiones.

Optimización de Procesos Operativos

La automatización impulsada por la IA se convierte en un catalizador clave para optimizar los procesos operativos. Desde la producción hasta la logística, los algoritmos avanzados pueden analizar datos en tiempo real para identificar áreas de mejora. Esto resulta en una ejecución más eficiente, reducción de costos y una mayor capacidad para adaptarse dinámicamente a las demandas del mercado.

Pronóstico de Demanda Preciso

La cadena de suministro se beneficia enormemente de la capacidad de la IA para realizar pronósticos precisos de la demanda. Al analizar datos históricos, patrones estacionales y cambios en el comportamiento del consumidor, los algoritmos pueden prever la demanda futura con mayor precisión. Esto permite una gestión de inventario más eficiente y una respuesta más ágil a las fluctuaciones del mercado.

Logística Inteligente y Optimización de Rutas

La IA transforma la logística al proporcionar soluciones inteligentes para la gestión de flotas y la optimización de rutas. Los algoritmos pueden evaluar múltiples variables, como el tráfico en tiempo real, las condiciones meteorológicas y los costos operativos, para determinar las rutas más eficientes. Esto no solo reduce los tiempos de entrega, sino que también minimiza los costos logísticos.

Gestión de Inventarios Dinámica

La gestión de inventarios se vuelve más precisa y dinámica con la intervención de la IA. Los algoritmos pueden prever la demanda, evaluar la obsolescencia de los productos y sugerir niveles de inventario óptimos. Esto evita tanto la escasez como el exceso de inventario, maximizando la eficiencia operativa y reduciendo los costos asociados.

Toma de Decisiones Estratégicas en Tiempo Real

La IA habilita la toma de decisiones en tiempo real basada en datos, lo que es fundamental para la cadena de suministro y las operaciones comerciales. Al analizar información en tiempo real, las empresas pueden ajustar rápidamente sus estrategias, mitigar riesgos y capitalizar oportunidades emergentes. Esto proporciona una ventaja competitiva significativa en un entorno empresarial dinámico.

Hacia la Eficiencia Empresarial

En este viaje por la aplicación de la IA en operaciones y cadena de suministro, se revela un panorama donde la eficiencia se encuentra en la intersección de la innovación y la adaptabilidad. Las empresas que integran inteligentemente la IA en sus procesos operativos y cadena de suministro están posicionadas para navegar con éxito hacia un futuro donde la eficiencia empresarial se redefine constantemente. Este capítulo proporciona una guía esencial para aprovechar estas oportunidades y navegar hacia la excelencia operativa en la era de la inteligencia artificial.

Estrategias de Marketing Potenciadas por IA: La Revolución de la Personalización y Segmentación Efectiva

En el vertiginoso mundo del marketing empresarial, la inteligencia artificial (IA) emerge como el faro guía que transforma la forma en que las empresas se conectan con sus audiencias. Este capítulo explorará cómo las estrategias de marketing se potencian y se elevan a nuevas alturas mediante la integración efectiva de la IA. Desde la personalización de contenido hasta la segmentación precisa, la IA está redefiniendo la narrativa del marketing moderno.

Personalización de Contenido a Escala

La IA revoluciona la forma en que las empresas entregan contenido a sus audiencias. Los algoritmos avanzados analizan datos de comportamiento, preferencias y patrones de compra para personalizar dinámicamente el contenido en tiempo real. Esto va más allá de simplemente incluir el nombre del cliente en un correo electrónico; se trata de anticipar las necesidades individuales y ofrecer experiencias únicas a cada usuario.

Segmentación Precisa y Relevante

La segmentación de audiencia siempre ha sido crucial en marketing, pero la IA lleva este concepto a nuevas alturas. Algoritmos de aprendizaje automático pueden analizar grandes conjuntos de datos para identificar patrones y características comunes entre los clientes. Esto permite una segmentación más precisa, asegurando que los mensajes lleguen a las audiencias adecuadas con contenido relevante.

Automatización de Campañas Multicanal

La IA facilita la automatización de campañas a través de diversos canales de marketing. Desde redes sociales hasta correos electrónicos y publicidad en línea, los algoritmos pueden coordinar campañas de manera eficiente, asegurando una presencia coherente y optimizada en todos los puntos de contacto con el cliente. Esto ahorra tiempo y recursos, permitiendo a los profesionales del marketing centrarse en estrategias más creativas y estratégicas.

Análisis Predictivo para Decisiones Estratégicas

La IA capacita a los profesionales del marketing con análisis predictivos que van más allá de las métricas tradicionales. Los algoritmos pueden prever tendencias del mercado, comportamiento del consumidor y resultados de campañas futuras. Esto informa la toma de decisiones estratégicas, permitiendo a las empresas anticipar y responder proactivamente a los cambios en el mercado.

Experiencias del Cliente Hiperpersonalizadas

La IA no solo personaliza contenido, sino que también impulsa experiencias del cliente hiperpersonalizadas. Desde la recomendación de productos hasta la interacción en tiempo real, la inteligencia artificial adapta las experiencias a las preferencias y comportamientos individuales, creando conexiones más profundas y significativas con los clientes.

Elevando el Marketing a Nuevas Alturas

En este viaje a través de las estrategias de marketing potenciadas por IA, se revela un paisaje donde la personalización y la segmentación efectiva son claves para el éxito. Las empresas que adoptan y dominan estas estrategias están en la vanguardia de la competencia, ofreciendo experiencias de marketing que trascienden las expectativas.

Innovación de Producto y Desarrollo con IA: Elevando la Creatividad Empresarial en la Era Tecnológica

En el dinámico escenario empresarial contemporáneo, la innovación de productos y servicios no solo es una aspiración, sino un imperativo para la relevancia y la sostenibilidad a largo plazo.

Profundizando en las Necesidades del Consumidor con IA

El conocimiento profundo de las necesidades del consumidor es la piedra angular de cualquier innovación exitosa. La IA, a través de análisis avanzados de datos, desentraña patrones complejos en datos de redes sociales, preferencias de compra y comentarios de los clientes. Este análisis proporciona una comprensión sin igual de las tendencias emergentes y las expectativas del consumidor, sirviendo como cimiento para la innovación centrada en el usuario.

Colaboración Creativa: Emprendedores y la IA en un Tango Innovador

La colaboración entre humanos y máquinas ha alcanzado una sinfonía armoniosa en el proceso creativo. La IA actúa como un colaborador valioso, generando ideas, sugiriendo mejoras y participando activamente en el diseño de productos. Esta co-creación no solo acelera el tiempo de desarrollo sino que también aporta una perspectiva única que desafía las convenciones tradicionales.

Diseño Generativo: Más Allá de los Límites de la Imaginación Humana

En el ámbito del diseño, la IA introduce una dimensión fascinante con el concepto de diseño generativo. Los algoritmos exploran un vasto espacio de posibilidades, considerando eficiencia, sostenibilidad y estética. Este enfoque va más allá de las capacidades humanas, generando soluciones innovadoras que podrían escapar a nuestra percepción.

Optimización Continua con Retroalimentación Automatizada

La innovación no termina con el lanzamiento de un producto; es un proceso evolutivo. Aquí es donde entra en juego la retroalimentación automatizada facilitada por la IA. Al analizar datos de uso, comentarios de los clientes y métricas de rendimiento, la IA identifica áreas de mejora. Esta capacidad de aprendizaje continuo asegura que los productos evolucionen con el tiempo, manteniendo la relevancia y la excelencia.

Personalización Escalada: De Masiva a Individual

La expectativa contemporánea de personalización se eleva a nuevas alturas con la IA. Desde recomendaciones de productos hasta características personalizadas, la personalización a escala masiva es posible gracias a la inteligencia artificial. Este enfoque crea experiencias de usuario únicas, fortaleciendo la conexión emocional y la lealtad del cliente.

Eficiencia en Desarrollo con Automatización Impulsada por IA

El desarrollo de productos, a menudo laborioso, se beneficia enormemente de la automatización potenciada por la IA. Desde la investigación inicial hasta la producción, la IA acelera procesos, reduce tiempos de desarrollo y mejora la eficiencia operativa.

Un Viaje Empresarial Ilimitado con Innovación e IA

Los intrincados matices de la innovación de productos y desarrollo con la IA, las estrategias clave y enfoques para la innovación no es simplemente un destino, sino un viaje constante. La IA actúa como guía y compañero indispensable en este viaje, ofreciendo nuevas perspectivas y potenciando la creatividad humana para dar forma a un futuro empresarial que redefine constantemente lo posible. En este horizonte ilimitado, la innovación y la IA forman una alianza inseparable que impulsa el éxito empresarial en la nueva era tecnológica.

Emprendimiento Sostenible y Ético con IA: La Responsabilidad Empresarial

En la era del emprendimiento impulsado por la inteligencia artificial (IA), el éxito no solo se mide por el rendimiento financiero, sino también por el impacto ético y sostenible que una empresa deja en su estela. Profundizaremos en la responsabilidad empresarial, explorando cómo los emprendedores pueden liderar con propósito, integridad y un enfoque sostenible respaldado por la IA.

La Sostenibilidad como Cimiento del Éxito a Largo Plazo

La sostenibilidad no es simplemente una moda; es la base misma del éxito a largo plazo. Los emprendedores conscientes reconocen que el crecimiento sostenible va de la mano con la preservación del medio ambiente y la consideración de las generaciones futuras. La IA, utilizada estratégicamente, puede ser un aliado poderoso para optimizar operaciones, reducir residuos y minimizar el impacto ambiental.

Ética en la Toma de Decisiones Empresariales con la Ayuda de la IA

La inteligencia artificial plantea desafíos éticos significativos, desde sesgos algorítmicos hasta la toma de decisiones automatizada. Los emprendedores éticos adoptan una postura de transparencia y responsabilidad. La implementación de políticas éticas sólidas y el monitoreo constante son esenciales para garantizar que la IA se utilice de manera justa y equitativa en todas las operaciones.

Impacto Social Positivo: Más Allá de las Ganancias Financieras

El emprendimiento con IA no solo se trata de maximizar las ganancias; es una oportunidad para generar un impacto social positivo. Las empresas pueden emplear la IA para abordar desafíos sociales, desde la educación hasta la atención médica. Esta perspectiva centrada en el impacto contribuye no solo a la reputación de la empresa sino también al bienestar general de la sociedad.

Transparencia y Comunicación Abierta: Pilares de la Confianza Empresarial

La confianza es un activo invaluable en el mundo empresarial. Los emprendedores comprometidos con la ética y la sostenibilidad comprenden la importancia de la transparencia. Comunicar abierta y honestamente cómo se utiliza la IA, cómo se toman las decisiones y cuál es el impacto real crea una conexión sólida con los clientes y demuestra un compromiso genuino con la responsabilidad.

Inclusión y Diversidad: La Fuerza Impulsora de la Innovación

La IA puede contribuir a la inclusión y la diversidad si se implementa correctamente. Los emprendedores éticos se esfuerzan por evitar sesgos algorítmicos y promover la igualdad de oportunidades. La diversidad en la construcción y aplicación de soluciones de IA no solo es ética, sino que también impulsa la innovación al proporcionar perspectivas variadas.

Medición del Impacto: Más Allá de los Números Financieros

Si bien los informes financieros son cruciales, los emprendedores sostenibles van más allá. Medir el impacto social y ambiental de las operaciones empresariales se convierte en un indicador clave de éxito. La implementación de métricas específicas que evalúan el rendimiento sostenible contribuye a una toma de decisiones más informada y alineada con valores éticos.

Hacia un Futuro Empresarial con Propósito

Este capítulo ha explorado la travesía de emprender de manera sostenible y ética en la era de la inteligencia artificial. Más que una elección, es una responsabilidad que los emprendedores asumen con valentía. La IA, lejos de ser solo una herramienta comercial, se convierte en el timón que guía hacia un futuro empresarial donde la ética y la sostenibilidad son faros que iluminan el camino hacia el éxito duradero. En este viaje, los emprendedores descubren que el propósito y el beneficio pueden coexistir armoniosamente, creando empresas que no solo prosperan financieramente, sino que también dejan un legado positivo para las generaciones venideras.

IA y Colaboración Empresarial: Tejiendo Alianzas Estratégicas en la Era Digital

En el tejido empresarial de hoy, la colaboración se erige como un pilar fundamental para el éxito sostenible. Cómo la inteligencia artificial (IA) se convierte en el hilo conductor que teje alianzas estratégicas, impulsando la colaboración entre empresas hacia nuevas alturas y desafiando las fronteras tradicionales de la competencia.

La Transformación Colaborativa: Superando Fronteras Empresariales

La IA actúa como un catalizador poderoso para la transformación colaborativa. Empresas que anteriormente competían ferozmente ahora encuentran terreno común para la innovación y el crecimiento conjunto. La superación de las fronteras tradicionales de la competencia se convierte en un rasgo distintivo de la nueva era empresarial.

Plataformas de Colaboración con IA: Puentes Digitales hacia el Futuro

La creación de plataformas digitales impulsadas por IA se erige como el puente que conecta empresas de diferentes sectores y tamaños. Estas plataformas facilitan la colaboración al proporcionar un espacio neutral donde las empresas pueden compartir datos, conocimientos y recursos de manera segura, fomentando la co-creación y la sinergia.

La IA como Facilitador de Alianzas Estratégicas

La inteligencia artificial no solo automatiza procesos, sino que también actúa como un consejero estratégico. Empresas que buscan aliados estratégicos encuentran en la IA un asesor valioso, identificando oportunidades de colaboración, evaluando sinergias y facilitando la toma de decisiones informada.

La Potencia de la Analítica Predictiva en la Colaboración Empresarial

La analítica predictiva, impulsada por la IA, ofrece una visión avanzada para la toma de decisiones colaborativa. Las empresas pueden anticipar tendencias, identificar oportunidades de mercado y mitigar riesgos compartidos. Esta capacidad predictiva se convierte en el motor que impulsa las alianzas hacia el éxito sostenible.

Desarrollo de Ecosistemas Empresariales: Más Allá de las Alianzas Tradicionales

La IA abre las puertas a la creación de ecosistemas empresariales más allá de las alianzas tradicionales. Las empresas participan en redes interconectadas donde la colaboración se convierte en una sinfonía coordinada. Este enfoque holístico impulsa la innovación a través de la diversidad de habilidades y perspectivas.

Gestión de Datos Colaborativa: El Petróleo de la Economía Digital

En la era digital, los datos son el recurso más valioso. La gestión de datos colaborativa, respaldada por la IA, permite a las empresas compartir datos de manera segura y ética. La transparencia y la confianza se fortalecen, allanando el camino para una colaboración más profunda y fructífera.

Hacia una Nueva Era de Colaboración Potenciada por la IA

Este capítulo ha querido mirar en el tejido de la colaboración empresarial en la era digital, destacando cómo la IA actúa como un catalizador para la transformación. En un mundo donde las empresas compiten y colaboran simultáneamente, la inteligencia artificial emerge como el facilitador clave, guiando a las empresas hacia una nueva era de colaboración estratégica. Como las empresas descubren que, en la intersección de la competencia y la colaboración, se encuentra el camino hacia un futuro empresarial más robusto y conectado.

Recursos Humanos y Gestión de Talento en la Era de la Inteligencia Artificial

La incorporación de la inteligencia artificial (IA) en la gestión de recursos humanos marca una evolución significativa en la forma en que las empresas reclutan, desarrollan y retienen el talento. Vamos a comprobar cómo la IA se ha convertido en un socio estratégico en la gestión de recursos humanos, transformando cada etapa del ciclo de vida laboral.

Reclutamiento Potenciado por la IA: Más Allá de las Palabras Clave

La IA revoluciona el proceso de reclutamiento al superar las limitaciones de las búsquedas basadas en palabras clave. Los algoritmos de aprendizaje automático analizan perfiles de candidatos y experiencias pasadas, identificando no solo las habilidades técnicas, sino también las habilidades blandas y la adecuación cultural. Esto lleva a una selección más precisa y a la identificación de candidatos que destacan en un entorno específico.

Evaluación Objetiva del Rendimiento: Transformando la Gestión de Talento

En el ámbito empresarial, la gestión del rendimiento de los empleados es una pieza clave que moldea la dirección y el desarrollo de una organización. Sin embargo, durante mucho tiempo, esta gestión ha dependido en gran medida de evaluaciones subjetivas, lo que a menudo lleva a sesgos y desafíos en la equidad. La introducción de la Inteligencia Artificial (IA) ha cambiado este paradigma, abriendo la puerta a una evaluación más objetiva y eficiente del rendimiento.

La IA, al hacer uso de algoritmos avanzados, analiza datos cuantitativos para medir el desempeño de los empleados de manera imparcial. Este enfoque basado en resultados tangibles, en lugar de en evaluaciones subjetivas, trae consigo una serie de beneficios transformadores.

En primer lugar, la introducción de la IA en la evaluación del rendimiento mejora significativamente la equidad. La máquina no se ve afectada por sesgos personales, preferencias o percepciones erróneas. Evalúa el rendimiento en función de indicadores objetivos y resultados tangibles, garantizando así una evaluación justa y libre de prejuicios.

Además de la equidad, la IA facilita una evaluación más exhaustiva y detallada del rendimiento. Los algoritmos pueden analizar grandes cantidades de datos de manera eficiente, identificando patrones y tendencias que podrían pasar desapercibidos en evaluaciones tradicionales. Esto permite una identificación más precisa de áreas de fortaleza y oportunidades de desarrollo para cada empleado.

La objetividad de la IA también se traduce en una asignación más eficiente de recursos. Los gerentes pueden tomar decisiones basadas en datos sólidos sobre asignación de tareas, oportunidades de capacitación y desarrollo, y decisiones relacionadas con la progresión profesional. Esto no solo maximiza el rendimiento individual, sino que también contribuye al éxito general de la organización.

Es importante destacar que la introducción de la IA en la evaluación del rendimiento no busca reemplazar la gestión humana, sino complementarla. La máquina actúa como una herramienta valiosa que proporciona información objetiva, liberando a los profesionales de recursos humanos y gerentes para centrarse en aspectos más estratégicos y en el desarrollo del equipo.

En conclusión, la evaluación objetiva del rendimiento mediante la IA marca un hito significativo en la gestión de talento empresarial. Al eliminar sesgos y mejorar la equidad, proporciona a las organizaciones una herramienta valiosa para impulsar el desarrollo individual y colectivo. En un mundo empresarial cada vez más competitivo, la IA se erige como un aliado esencial para optimizar la gestión del rendimiento y guiar a las organizaciones hacia un futuro más eficiente y equitativo.

Desarrollo Profesional Personalizado: Hacia Carreras Satisfactorias

La personalización se convierte en la clave del desarrollo profesional. La IA analiza las fortalezas y debilidades individuales, proporcionando recomendaciones personalizadas para el crecimiento profesional. Esto incluye sugerencias de capacitación, asignación de proyectos y orientación para el desarrollo de habilidades específicas, contribuyendo así a carreras más satisfactorias y al crecimiento sostenible.

Gestión de la Diversidad e Inclusión: Impulsada por Datos y Objetivos

La IA se convierte en un aliado en la gestión de la diversidad e inclusión. Al analizar datos demográficos y patrones de comportamiento, la tecnología ayuda a identificar sesgos inconscientes y a establecer objetivos realistas para la diversificación del talento. Esto no solo promueve la equidad en la fuerza laboral, sino que también mejora la creatividad y la innovación.

Retención de Talentos: Prediciendo el Compromiso y la Rotación

La IA no solo ayuda a identificar talento, sino que también predice el compromiso y la probabilidad de rotación. Analizando patrones de comportamiento, la tecnología puede alertar sobre posibles desafíos de retención y proponer estrategias preventivas. Esto permite a las empresas tomar medidas proactivas para mantener a los empleados comprometidos y satisfechos.

Adaptación Continua: Alineando Talentos con Objetivos Empresariales

La adaptabilidad se convierte en una característica clave en la gestión de talento con IA. Los algoritmos evalúan las habilidades cambiantes necesarias para alcanzar los objetivos empresariales y ofrecen orientación sobre el desarrollo de habilidades requerido. Esto asegura que los empleados estén siempre alineados con las metas de la empresa en un entorno empresarial dinámico.

La Alianza Productiva de la IA y los Recursos Humanos

Este capítulo ha delineado cómo la IA y la gestión de talento forman una alianza poderosa para crear entornos laborales más eficientes y satisfactorios. Desde el reclutamiento hasta el desarrollo y la retención, la inteligencia artificial no solo automatiza procesos, sino que también aporta una perspectiva analítica y predictiva invaluable. En última instancia, la sinergia entre la IA y los recursos humanos redefine la gestión del talento, creando una fuerza laboral más resiliente y adaptada a los desafíos de la era digital.

Emprendimiento Social con Enfoque en la Inteligencia Artificial: Transformando Desafíos en Oportunidades de Impacto Positivo

En la convergencia entre la inteligencia artificial (IA) y el emprendimiento social, se gesta un potente motor de cambio que redefine cómo abordamos y resolvemos los problemas sociales más apremiantes. Vamos aver cómo la IA se convierte en una herramienta innovadora y estratégica para el emprendimiento social, impulsando iniciativas que van más allá de las fronteras tradicionales y generando un impacto duradero.

Diagnóstico Preciso de Problemas Sociales: Más Allá de las Superficies

La IA emerge como una fuerza transformadora al permitir un diagnóstico más preciso de los problemas sociales. Algoritmos avanzados analizan datos a gran escala, identificando patrones y correlaciones que pueden pasar desapercibidos para los enfoques convencionales. Esto permite a los emprendedores sociales comprender las complejidades de los desafíos, allanando el camino para soluciones más efectivas y sostenibles.

Personalización de Intervenciones: Atendiendo Necesidades Individuales

La personalización se vuelve fundamental en la aplicación de la IA al emprendimiento social. Los algoritmos pueden adaptar intervenciones y programas a las necesidades específicas de las comunidades o individuos, maximizando así el impacto. Desde la educación hasta la atención médica, la capacidad de personalizar soluciones marca una diferencia significativa en la eficacia y la aceptación de las iniciativas.

Predicción y Prevención de Problemas Sociales: Enfoque Proactivo

La IA no solo responde a los problemas existentes, sino que también tiene la capacidad de prever y prevenir futuros desafíos sociales. Mediante el análisis de datos históricos y la identificación de tendencias emergentes, los emprendedores sociales pueden tomar medidas proactivas. Esto impulsa un enfoque más preventivo y sostenible hacia la solución de problemas, marcando un cambio de paradigma en la gestión de desafíos sociales.

Movilización de Recursos Eficiente: Maximizando el Impacto

La optimización de recursos se convierte en una ventaja clave. La IA ayuda a emprendedores sociales a movilizar recursos de manera más eficiente, asignando fondos y esfuerzos donde tienen el mayor impacto. La identificación de oportunidades y la evaluación de resultados a través de la analítica avanzada permiten una toma de decisiones informada y estratégica.

Colaboración y Conectividad: Tejiendo Redes de Impacto

La IA actúa como un catalizador para la colaboración efectiva en el emprendimiento social. Plataformas y algoritmos facilitan la conexión entre diferentes iniciativas, organizaciones y comunidades. Esto no solo promueve la sinergia y el intercambio de conocimientos, sino que también amplifica el impacto colectivo, creando un ecosistema más robusto y conectado.

Desarrollo Sostenible y Medición de Impacto: Más Allá de los Números

La IA no solo ayuda a medir el impacto, sino que redefine cómo entendemos el desarrollo sostenible. Los indicadores tradicionales se complementan con análisis más profundos y contextuales, proporcionando una visión más holística del progreso. Esto no solo satisface las demandas de los donantes y las partes interesadas, sino que también permite una toma de decisiones más informada para lograr un impacto duradero.

Desafíos Éticos y Responsabilidad Social: Aguas Complejas

A medida que la IA se integra en el emprendimiento social, surge la necesidad de abordar desafíos éticos y asumir la responsabilidad social. Las preocupaciones sobre la privacidad, el sesgo algorítmico y la toma de decisiones automatizada requieren un enfoque ético y una consideración cuidadosa. El equilibrio entre la innovación tecnológica y la ética se convierte en un elemento clave para garantizar el éxito a largo plazo.

La IA como Aliada Transformadora en el Emprendimiento Social

Este capítulo ha explorado cómo la IA se convierte en una aliada transformadora en el emprendimiento social, desbloqueando nuevas posibilidades para abordar desafíos sociales de manera más efectiva. Al aprovechar el poder analítico y predictivo de la IA, los emprendedores sociales pueden no solo responder a los problemas existentes, sino también prever y prevenir, creando un impacto significativo y sostenible en la sociedad. La tecnología se convierte así en una fuerza catalizadora que impulsa un cambio positivo y duradero en nuestro mundo.

Ciberseguridad en la Era de la Inteligencia Artificial Empresarial: La Protección Digital

La integración de la inteligencia artificial (IA) en el tejido empresarial ha desencadenado una nueva era de eficiencia y productividad, pero también ha abierto las compuertas a un panorama de ciberseguridad más complejo y desafiante. Exploraremos los desafíos específicos y las soluciones clave que las empresas deben considerar al implementar

IA, garantizando un viaje seguro y protegido en el ciberespacio empresarial.

Evolución de Amenazas en la Era de la Inteligencia Artificial: Un Desafío Creciente en la Ciberseguridad

La evolución acelerada de la inteligencia artificial (IA) ha traído consigo una nueva era en la ciberdelincuencia, marcada por amenazas avanzadas que desafían las estrategias tradicionales de defensa. En este capítulo, nos sumergiremos en la "nueva frontera" de la ciberdelincuencia, explorando cómo la IA ha propulsado a los actores maliciosos hacia terrenos más sofisticados y peligrosos.

Impulsores de la Ciberdelincuencia Potenciada por IA

La aparición de herramientas de IA accesibles ha democratizado, en cierto modo, el acceso a técnicas antes reservadas para expertos. Esto ha dado lugar a una proliferación de actores maliciosos que pueden aprovechar algoritmos de aprendizaje automático para automatizar y perfeccionar sus ataques. El fácil acceso a modelos de IA preentrenados y la disponibilidad de kits de herramientas especializados han nivelado el campo de juego de la ciberdelincuencia.

Ataques Impulsados por IA: Más Allá de la Automatización

Los ataques impulsados por IA representan una amenaza significativa. Los algoritmos de aprendizaje automático permiten a los atacantes personalizar sus tácticas según el objetivo, eludiendo así las defensas convencionales. Desde el phishing hasta el malware polimórfico, la capacidad de adaptación de la IA ha creado ataques más difíciles de detectar y contrarrestar.

Malware Inteligente: El Juego de la Infección Digital

El malware inteligente es un paradigma transformador. Estos programas maliciosos pueden aprender del entorno en el que operan, evitando ser detectados mediante técnicas de evasión y camuflaje. La capacidad de mutar y evolucionar en tiempo real hace que la detección y eliminación se vuelvan desafíos significativos, exigiendo soluciones más avanzadas y proactivas.

Amplificación de la Superficie de Ataque

La IA no solo mejora las tácticas de ataque, sino que también expande la superficie de ataque. Dispositivos interconectados, el auge del Internet de las cosas (IoT) y la creciente dependencia de sistemas automatizados brindan a los ciberdelincuentes múltiples puntos de entrada. La interconexión de estos elementos crea una red expandida y, por ende, más vulnerable a los ataques.

Desafíos para la Defensa: Superando la Inteligencia Artificial Maliciosa

Comprender la sofisticación de estas amenazas es esencial para desarrollar estrategias de defensa efectivas. Las soluciones tradicionales basadas en patrones y firmas son insuficientes ante la naturaleza dinámica de los ataques impulsados por IA. La adopción de enfoques de seguridad impulsados por la IA, como el análisis de comportamiento y la detección de anomalías, se vuelve imperativa para mantenerse un paso adelante de los ciberdelincuentes.

Colaboración y Compartición de Amenazas: Fortaleciendo la Resistencia Colectiva

La ciberdelincuencia potenciada por IA subraya la importancia de la colaboración en la comunidad de seguridad cibernética. Compartir información sobre amenazas y colaborar en la investigación no solo acelera la identificación y mitigación de riesgos, sino que también fortalece la resistencia colectiva contra adversarios digitales cada vez más avanzados.

Consideraciones Éticas y Regulatorias: Definiendo los Límites de la Ciberseguridad

A medida que las amenazas cibernéticas evolucionan, surgen preguntas éticas sobre el uso de tecnologías de IA en defensa. La regulación y la ética en la ciberseguridad deben adaptarse para abordar estos desafíos, definiendo límites claros y asegurando que las estrategias defensivas no comprometan la privacidad y la seguridad de los individuos.

Turbulencias con Resiliencia Digital

En la era de la inteligencia artificial, la ciberseguridad se convierte en una danza constante con adversarios cada vez más inteligentes. Sin embargo, con la comprensión adecuada de las amenazas impulsadas por IA y la adopción de estrategias defensivas innovadoras, las organizaciones pueden lidiar con estas turbulencias con **resiliencia digital**, protegiendo activos críticos

Protegiendo Modelos de IA: La Fragilidad de la Inteligencia Artificial

Los modelos de IA, particularmente aquellos basados en aprendizaje profundo, son susceptibles a ataques específicos, como ataques de adversarios. Estos ataques pueden manipular la entrada de datos para engañar al modelo, comprometiendo su integridad y confiabilidad. Desarrollar defensas robustas para los modelos de IA es crucial para salvaguardar la precisión y la confiabilidad de las decisiones automatizadas.

Privacidad de Datos y Cumplimiento Normativo: El Precio de la Innovación

La recolección y el procesamiento masivo de datos son fundamentales para los sistemas de IA, pero esto plantea desafíos significativos en términos de privacidad y cumplimiento normativo. Las empresas deben navegar por un paisaje legal en constante cambio, asegurándose de cumplir con regulaciones como el RGPD y proteger la privacidad de los datos de manera efectiva.

Identificación de Anomalías y Detección Temprana: El Rol Vital de la Prevención

La velocidad y la automatización son esenciales en la ciberseguridad empresarial. Las soluciones basadas en IA que pueden identificar anomalías y patrones inusuales en tiempo real desempeñan un papel vital en la detección temprana de posibles amenazas. La prevención proactiva es la clave para evitar daños significativos.

Educación y Concienciación: Fortaleciendo el Factor Humano

La tecnología es tan efectiva como las personas que la utilizan. La formación y concienciación sobre ciberseguridad son esenciales para empoderar a los empleados frente a las amenazas digitales. Las empresas deben invertir en programas de capacitación que aborden los riesgos específicos relacionados con la IA y fomenten prácticas seguras en todos los niveles de la organización.

Colaboración y Compartición de Amenazas: Unidos en la Defensa

La colaboración entre empresas, sectores y organismos gubernamentales se vuelve imperativa en la defensa contra amenazas cibernéticas sofisticadas. El intercambio de información sobre amenazas y la colaboración en el desarrollo de soluciones de seguridad fortalecen la resistencia colectiva contra adversarios digitales.

Desafíos Éticos y Transparencia: Tomando Decisiones Responsables

La implementación de la IA plantea cuestiones éticas, desde la toma de decisiones automatizada hasta la responsabilidad por posibles brechas de seguridad. Las empresas deben adoptar prácticas transparentes y éticas, garantizando la equidad y la responsabilidad en el desarrollo y uso de tecnologías de IA.

Éxito en el Ciberespacio Empresarial

En el intrincado tejido de la inteligencia artificial y la ciberseguridad, las empresas deben adoptar un enfoque integral para proteger sus activos digitales. Al abordar estos desafíos con determinación, adoptando soluciones innovadoras y promoviendo una cultura de ciberseguridad, las organizaciones pueden navegar con éxito las aguas de la transformación digital sin comprometer la seguridad de sus datos y operaciones. En esta era digital, la seguridad es la clave para desbloquear el verdadero potencial de la inteligencia artificial en el entorno empresarial.

Futuro del Emprendimiento: Un Vistazo a las Perspectivas y Tendencias de la Inteligencia Artificial

El futuro del emprendimiento se vislumbra emocionante y transformador, gracias al constante avance de la Inteligencia Artificial (IA). Este capítulo se sumergirá en las perspectivas y tendencias que perfilan el horizonte del emprendimiento, destacando cómo la IA será un catalizador clave en la evolución de los negocios.

Automatización y Eficiencia Operativa Continua: La Transformación Profunda Impulsada por la IA

La integración cada vez más profunda de la Inteligencia Artificial (IA) en los tejidos empresariales está redefiniendo la forma en que las empresas operan y abriendo la puerta a un nuevo capítulo de automatización y eficiencia operativa continua.

Automatización: Más Allá de la Eficiencia Superficial

La automatización empresarial ha sido durante mucho tiempo sinónimo de eficiencia, pero con la IA, esta narrativa se expande y se enriquece. La automatización, alimentada por algoritmos avanzados y aprendizaje automático, ya no se limita a tareas rutinarias y repetitivas. Ahora se extiende a la optimización de procesos más complejos y a la toma de decisiones estratégicas.

Optimización de Tareas Complejas

La IA permite la automatización de tareas que anteriormente requerían la intervención humana. Desde la gestión de datos masivos hasta la identificación de patrones en información compleja, la capacidad de la IA para procesar información a velocidades sobrehumanas libera a los emprendedores de las tareas tediosas y les brinda la oportunidad de enfocarse en aspectos más estratégicos de sus negocios.

Toma de Decisiones Estratégicas Facilitada por la IA

La evolución de la automatización no solo reside en la ejecución de tareas, sino también en la facilitación de la toma de decisiones estratégicas. Los algoritmos de IA analizan datos históricos y en tiempo real, proporcionando información valiosa para la formulación de estrategias empresariales. Esta capacidad de análisis avanzado permite a los emprendedores tomar decisiones informadas y rápidas, fundamentales en un entorno empresarial dinámico.

Liberando Tiempo para la Creatividad e Innovación

Al delegar tareas operativas y decisiones rutinarias a sistemas de IA, los emprendedores se encuentran con un recurso precioso: el tiempo. Ahora, tienen la libertad de enfocarse en actividades que requieren creatividad, innovación y visión estratégica. Desde el desarrollo de nuevas ideas hasta la exploración de mercados emergentes, la automatización liberada por la IA permite que la creatividad empresarial florezca.

Desafíos y Consideraciones Éticas

Sin embargo, esta revolución hacia la automatización no está exenta de desafíos. La pérdida potencial de empleo, la necesidad de una capacitación continua y las cuestiones éticas relacionadas con la toma de decisiones automatizada son áreas que deben abordarse con sensatez. Los emprendedores deben liderar este cambio con responsabilidad, asegurándose de que la adopción de la IA beneficie tanto a las empresas como a la sociedad en general.

El Camino Hacia una Eficiencia Transformadora

La automatización y eficiencia operativa continua son más que simples optimizaciones. Con la IA a la vanguardia, estas se convierten en fuerzas transformadoras que remodelan fundamentalmente la forma en que los emprendedores dirigen sus empresas. Este capítulo destaca la importancia de abrazar esta transformación, utilizando la IA como aliada en el camino hacia una eficiencia operativa que no solo ahorra tiempo sino que también impulsa la innovación y la creatividad empresarial.

Emprendimiento Centrado en el Cliente: La Revolución Impulsada por la IA

En el mundo empresarial contemporáneo, la adopción de la Inteligencia Artificial (IA) está llevando el enfoque en el cliente a un nivel completamente nuevo. La IA se ha convertido en el motor detrás de un emprendimiento verdaderamente centrado en el cliente, transformando la manera en que las empresas entienden y satisfacen las necesidades individuales.

Comprensión Profunda del Cliente

La IA se presenta como un aliado incomparable para entender a los clientes en un nivel más profundo. Los algoritmos avanzados analizan grandes conjuntos de datos en tiempo real, identificando patrones, preferencias y comportamientos de compra. Este análisis inteligente permite a los emprendedores comprender mejor a sus clientes, anticipar sus necesidades y responder de manera proactiva.

Personalización Impulsada por Algoritmos

Uno de los mayores beneficios que la IA aporta al emprendimiento centrado en el cliente es la capacidad de personalización sin precedentes. Los algoritmos de aprendizaje automático permiten la creación de experiencias personalizadas para cada cliente. Desde recomendaciones de productos específicos hasta ofertas adaptadas a sus preferencias individuales, la personalización impulsada por la IA crea conexiones más significativas y duraderas.

Generación de Experiencias Únicas

La IA no solo personaliza productos y servicios, sino que también contribuye a la generación de experiencias únicas. Al analizar datos en tiempo real, la IA puede ajustar dinámicamente las interacciones con el cliente. Esto se traduce en experiencias fluidas y contextualmente relevantes en cada punto de contacto. La capacidad de adaptarse a las necesidades cambiantes del cliente eleva la experiencia del usuario a niveles inéditos.

Fomentando la Lealtad del Cliente

La personalización y las experiencias únicas generadas por la IA no solo satisfacen las necesidades inmediatas del cliente, sino que también construyen una lealtad a largo plazo. Cuando los clientes sienten que una empresa comprende sus preferencias y se adapta a sus deseos, se establece una conexión emocional. La lealtad del cliente se convierte en un resultado natural de ofrecer no solo productos y servicios, sino experiencias que resuenan con cada individuo.

Desafíos y Consideraciones Éticas

Aunque la personalización impulsada por la IA ofrece enormes beneficios, no está exenta de desafíos. La privacidad de los datos y las preocupaciones éticas relacionadas con la personalización excesiva deben abordarse con cautela. Los emprendedores deben equilibrar la búsqueda de la personalización con la responsabilidad de proteger la privacidad y mantener la confianza del cliente.

El Futuro del Emprendimiento Centrado en el Cliente

La IA está dando forma a un futuro donde el emprendimiento centrado en el cliente no es solo una estrategia, sino una realidad palpable. La capacidad de comprensión profunda, personalización y generación de experiencias únicas está llevando a las empresas hacia una nueva era de relaciones cliente-empresa.

Colaboración Entre Empresas: Redes Inteligentes

La colaboración empresarial tomará un nuevo impulso con la IA, facilitando la creación de redes inteligentes entre diversas organizaciones. Plataformas y sistemas que utilizan algoritmos avanzados permitirán la colaboración sinérgica, ampliando las oportunidades de crecimiento y desarrollo conjunto.

Sostenibilidad Integrada en la Estrategia Empresarial

La sostenibilidad no será solo un componente ético, sino un factor clave en la estrategia empresarial. La IA se utilizará para optimizar procesos, reducir el impacto ambiental y promover prácticas comerciales responsables. Las empresas que adopten enfoques sostenibles estarán mejor posicionadas en el mercado del futuro.

Nuevos Modelos de Negocios Facilitados por la IA: Reinventando la Estrategia Empresarial

En el tejido empresarial, la Inteligencia Artificial (IA) emerge como la llave maestra que desbloquea no solo eficiencia, sino también la capacidad de reinventar completamente la estructura y operación de los modelos de negocios. Este artículo se adentra en el horizonte empresarial para explorar cómo la IA no solo mejora, sino que transforma fundamentalmente la manera en que concebimos y conducimos nuestras empresas.

Uno de los impactos más notables de la IA en los modelos de negocios es su capacidad para abrir nuevas puertas hacia la innovación. La analítica avanzada de datos permite a las empresas identificar patrones, tendencias y oportunidades de mercado de una manera que nunca antes fue posible. Esto facilita la creación de modelos de ingresos más flexibles y adaptados, permitiendo a las empresas responder ágilmente a las cambiantes demandas del mercado.

Los servicios basados en suscripciones son un claro ejemplo de cómo la IA está remodelando la relación tradicional entre las empresas y sus clientes. Al analizar datos sobre comportamientos y preferencias, las empresas pueden personalizar ofertas y proporcionar servicios a medida, construyendo relaciones más sólidas y duraderas con los clientes. La suscripción se convierte en una puerta hacia la fidelidad del cliente, y la IA actúa como el arquitecto que diseña estas experiencias personalizadas.

La flexibilidad también se manifiesta en la capacidad de la IA para adaptarse a entornos empresariales cambiantes. La automatización inteligente permite a las empresas ajustar y optimizar sus operaciones de manera dinámica, respondiendo rápidamente a las condiciones del mercado. Esto no solo aumenta la eficiencia, sino que también brinda a las empresas la capacidad de pivotar y explorar nuevas oportunidades con agilidad.

Sin embargo, el impacto de la IA va más allá de la eficiencia operativa. La tecnología está generando innovadores modelos de negocios basados en datos, donde la información se convierte en un activo estratégico. Empresas que aprovechan la capacidad de la IA para analizar grandes cantidades de datos pueden descubrir nichos de mercado no explotados, identificar segmentos de clientes específicos y personalizar ofertas de productos o servicios de manera más efectiva.

La IA no solo es un impulsor de eficiencia en los negocios, sino una fuerza transformadora que facilita la creación de nuevos modelos empresariales. Desde servicios basados en suscripciones hasta la flexibilidad en la adaptación al cambio, la IA se erige como el arquitecto del futuro empresarial. Aquellas empresas que abracen esta realidad emergente estarán posicionadas no solo para sobrevivir, sino para prosperar en el paisaje empresarial del mañana.

Énfasis en la Ciberseguridad Proactiva

Con la creciente complejidad de las amenazas cibernéticas, la ciberseguridad se volverá aún más crucial. La IA se convertirá en un defensor proactivo, anticipando y contrarrestando amenazas en tiempo real. La seguridad de datos será un componente esencial para la confianza del cliente y la reputación empresarial.

Desarrollo Continuo de Habilidades Empresariales en la Era de la IA: Una Inversión Estratégica

La acelerada evolución de la Inteligencia Artificial (IA) está dando forma a un nuevo paradigma empresarial. En este contexto, el desarrollo continuo de habilidades empresariales se presenta como una necesidad imperante para aquellos que buscan prosperar en un entorno empresarial cada vez más impulsado por la tecnología.

Entendiendo la Importancia de la IA en los Negocios: Navegando Hacia el Futuro Empresarial

En la era actual, la Inteligencia Artificial (IA) se ha erigido como el timón que guía la nave de la innovación y la eficiencia en el mundo empresarial. Este artículo se sumerge en las aguas profundas de la IA para explorar cómo esta tecnología se ha convertido en un motor central de transformación para las empresas, trascendiendo la simple automatización de tareas rutinarias.

Uno de los aspectos fundamentales de la IA en los negocios es la automatización de procesos. Esta no se limita solo a tareas operativas simples, sino que se expande hacia la optimización de flujos de trabajo complejos. Las empresas, al adoptar sistemas inteligentes, pueden delegar a la IA la ejecución de tareas repetitivas, permitiendo que los recursos humanos se centren en actividades de mayor valor añadido.

Pero la IA va más allá de la automatización. La toma de decisiones asistida por máquinas se ha convertido en una realidad que redefine la gestión empresarial. Con algoritmos avanzados y aprendizaje automático, las empresas pueden procesar grandes cantidades de datos en tiempo real, facilitando decisiones más informadas y estratégicas. La IA actúa como un consejero incansable, proporcionando información valiosa para orientar el rumbo de los negocios.

Este cambio hacia la integración de la IA no es solo una opción, sino una necesidad para la supervivencia empresarial. Las empresas que comprenden y adoptan estas tecnologías emergentes están mejor posicionadas para enfrentar los desafíos cambiantes del mercado. La capacidad de adaptarse y aprovechar las oportunidades que ofrece la IA se convierte en un factor diferenciador crucial en un mundo empresarial cada vez más competitivo.

A medida que exploramos estas aguas emocionantes de la IA en los negocios, es esencial no solo entender su importancia actual sino también reconocer su potencial futuro. La innovación y la eficiencia impulsadas por la IA son solo el comienzo de un viaje que promete redefinir por completo la naturaleza de los negocios. Navegar con éxito por estas aguas implica no solo comprender la tecnología sino también abrazar su capacidad de transformar la realidad empresarial. En última instancia, aquellos que logren entender y aprovechar la importancia de la IA estarán preparados para liderar la próxima ola de avances en el mundo de los negocios.

Capacitación en Nuevas Competencias

El rápido avance de la IA requiere que los emprendedores adquieran nuevas competencias para adaptarse y prosperar. La capacitación en áreas como el aprendizaje automático, la ciencia de datos y la comprensión de algoritmos se convierte en una inversión estratégica. Las habilidades técnicas, combinadas con la comprensión de cómo aplicar la IA de manera efectiva en el contexto empresarial, se vuelven fundamentales.

Inversión Necesaria para la Relevancia Empresarial

La formación continua en habilidades empresariales no es solo una opción, sino una necesidad para mantenerse relevante. Aquellos que invierten en el desarrollo de habilidades relacionadas con la IA estarán mejor posicionados para liderar la próxima ola de innovación empresarial. La capacidad de integrar la IA en las operaciones y estrategias comerciales se convertirá en un diferenciador clave.

Desafíos y Oportunidades

El camino hacia el desarrollo continuo de habilidades empresariales no está exento de desafíos. La curva de aprendizaje puede parecer empinada, y la resistencia al cambio puede surgir en algunos sectores. Sin embargo, cada desafío presenta una oportunidad para aquellos que están dispuestos a invertir en su crecimiento y evolución. La adaptabilidad se vuelve tan crucial como la adquisición de nuevas competencias.

Preparándose para el Futuro Empresarial

El desarrollo continuo de habilidades empresariales se convierte en un imperativo estratégico en la era de la IA. La capacidad de entender, aplicar y capitalizar las capacidades de la IA se vuelve esencial para los emprendedores que buscan liderar en este nuevo paisaje empresarial. Aquellos que abrazan la formación continua no solo se mantendrán relevantes, sino que estarán preparados para aprovechar las oportunidades que la IA trae consigo.

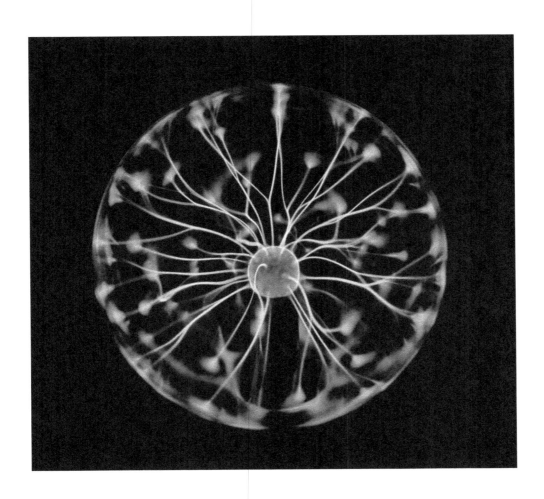

Adentrándonos en un Futuro Empresarial Innovador

A medida que nos adentramos en el futuro del emprendimiento, la IA se erige como un catalizador poderoso. Más allá de simplificar tareas, redefine la esencia misma de cómo hacemos negocios. Este futuro prometedor está marcado por la adaptabilidad, la sostenibilidad y la continua búsqueda de innovación, y aquellos emprendedores que abracen estas tendencias estarán mejor preparados para liderar en este emocionante viaje empresarial.

"Empresarios del Futuro: Un V.I.Aje Transformador"

Este libro, "Empresarios del Futuro: Un V.I.Aje Transformador", ofrece una visión cautivadora y transformadora sobre el papel de la inteligencia artificial (IA) en el futuro del emprendimiento. A lo largo de sus páginas, la obra navega a través de conceptos clave que guiarán a los empresarios en su viaje hacia un futuro empresarial impulsado por la innovación y la eficiencia.

El viaje comienza explorando el valor intrínseco de la IA, identificándola como un componente esencial para la transformación empresarial. A medida que se profundiza en el contenido, el lector descubre cómo la IA se convierte en una aliada estratégica para los empresarios, impulsando la creatividad y desbloqueando nuevas oportunidades.

El libro se sumerge en las experiencias de empresarios del futuro que han abrazado la IA de manera efectiva, destacando casos de éxito que sirven como inspiración. A través de estos relatos, se ilustra cómo la integración de la IA no solo optimiza procesos, sino que también redefine la forma en que se conciben y operan los negocios.

Un enfoque central del libro es la adaptación continua de habilidades empresariales en la era de la IA. Se explora cómo los empresarios del futuro necesitan evolucionar y adquirir nuevas competencias para aprovechar al máximo las capacidades de la IA, garantizando así una posición sólida en el competitivo mundo empresarial.

El concepto de "V.I.Aje Transformador" se presenta como la travesía que los empresarios emprenden, donde la "V" representa la Visión hacia el futuro, la "I" simboliza la Integración inteligente de la IA, y la "A" representa la Adaptación constante. Este marco estratégico proporciona una guía clara para los empresarios que buscan navegar por la revolución de la IA de manera efectiva.

A lo largo de las páginas, el libro destaca cómo la IA no solo mejora la eficiencia operativa sino que también impulsa la innovación y la personalización en la relación con los clientes. Además, se abordan aspectos éticos y la importancia de mantener una perspectiva centrada en el cliente.

Cerrando con una visión del futuro empresarial, el libro anticipa las tendencias emergentes y ofrece perspectivas valiosas para aquellos que buscan liderar la transformación empresarial en la era de la inteligencia artificial.

"Empresarios del Futuro: Un V.I.Aje Transformador" se presenta como un faro para aquellos que buscan no solo sobrevivir, sino prosperar en el paisaje empresarial cambiante, mostrando cómo la inteligencia artificial se convierte en un compañero esencial en el viaje hacia el éxito empresarial del futuro.